DIETRICH FISCHER-DIESKAU

DIETRICH FISCHER-DIESKAU

Mit Beiträgen
von
Walter Jens
Hans A. Neunzig
Werner Spies

NICOLAI

Titelbild: Selbst, 1990, Dispersion, 90 x 70

© 1994 Nicolaische Verlagsbuchhandlung Beuermann GmbH
Lektorat: Eberhard Franke
Gestaltung: Dorén + Köster
Satz: Mega-Satz-Service
Lithos: O.R.T. Kirchner GmbH
Druck: Ruksaldruck GmbH & Co
Alle Berlin
Alle Rechte vorbehalten
Printed in Germany
ISBN 3-87584-524-2

INHALT

Kalkül und Spontaneität
Walter Jens
7

Skizzen zur Biographie von Dietrich Fischer-Dieskau
Hans A. Neunzig
9

»Das Nichterlebte ersetzen«
Werner Spies
22

Die Bilder – Eine Auswahl
25

Biographische Daten / Bücher und Aufsätze
67

Kalkül und Spontaneität

Multum, non multa. Viel ist gut, vielerlei ist von Übel – diese lateinische Devise, ursprünglich aufs Lesen bezogen (man konzentriere sich aufs Wesentliche, hüte sich jedoch, wahllos zu konsumieren), könnte als Lebensmaxime über dem Werk des Sängers und Dirigenten, Schriftstellers und Malers: des artifex (im weitesten Sinn) Dietrich Fischer-Dieskau stehen. Was immer er tut, ernsthaft und heiter, konzentriert und leger, arbeitsam und sich durch Arbeit von der Arbeit erholend – die Künste bleiben aufeinander bezogen. Zur Musik gesellt sich Literatur, Gesang und Poesie ergänzen einander; wenn Dietrich Fischer-Dieskau singt, Schumann-Lieder zum Beispiel, spürt der Zuhörer, wie genau hier jemand, Wort für Wort, seinen Heine gelesen hat. Dabei geht es nicht um Synästhesien, sondern um wechselseitige Erhellungen; die Noten veranschaulichen Sätze, die Rhythmen der Verse befinden über das legato und non legato im Lied. Verfremdung, Beleuchtung und Steigerung im Miteinander der Künste: Höre ich diesen einzigartigen Sänger als Hans Sachs in Wagners »Meistersingern«, dann erinnere ich mich, wie er, in sympathischer Parteinahme, den Histrionen von Bayreuth und Venedig aus der Perspektive des Stilkünstlers Nietzsche betrachtet.

Dietrich Fischer-Dieskau ist, so gesehen, weder eine Doppel- noch eine Vielfach-, sondern eine Viel-Begabung. Das Sich-Umtun auf unterschiedlichen Feldern, mit der Musik im Zentrum, dient immer dem Ziel, das eine, was gerade im Vordergrund steht, vom anderen aus zu beleuchten – ein E. T. A.-Hoffmann-Geschäft, das die Monomanie des Virtuosen in gleicher Weise überwindet wie die Versatilität des begabten Dilettanten. Hier beherrscht einer sein Handwerk mit einer Vollendung, die es ihm am Ende gestattet, mit ihm zu spielen – in jenem genau kalkulierten Nacheinander, das den Meister von den Adepten unterscheidet. »Ihr macht schöne Verse ohne die Verskunst, ihr haltet passende Reden, ohne die Rhetorik studiert zu haben. Das geht wohl recht gut eine Zeitlang, aber zuletzt reicht es doch nicht aus«: Goethes, des Erzverächters aller Dilettanten und des Anwalts »fester Grundsätze und strenger Anwendung derselben«, Kunstprinzipien haben Dietrich Fischer-Dieskau ein Leben lang begleitet und seine Pädagogik geprägt.

Ein Meister seines Ranges weiß, daß Mühelosigkeit erarbeitet werden muß und das scheinbar leichte Spiel des exaktesten Kalküls bedarf. Nichts ist törichter als der Vorwurf, Intellektualität stünde an erster Stelle im Werk Fischer-Dieskaus. Intelligenz, jawohl, aber eben eine Intelligenz à la Hans Sachs, die zu einer Synthese zwischen meistersängerlicher Stringenz und Enthusiasmus führt. Natura und ars, Genie und Kunstfertigkeit sind im Leben des Mannes, zu dessen Ehren dieser Katalog zusammengestellt ist, mit einer Selbstverständlichkeit vereint, die Staunen erregt. Der Satz Jean Cocteaus, den Dietrich Fischer-Dieskau zu Recht als eines der größten Komplimente beschrieben hat, die ihm je gezollt worden sind: »Sie singen so, als komponierten Sie im Augenblick des Singens«, verweist beispielhaft auf die Einheit von Kalkül und Spontaneität, deren Resultat jene Vollkommenheit ist, die zwar der Künstler F.-D. gut goethisch in Frage stellt (nur Dilettanten, hat er wiederholt gesagt, glauben, daß etwas besser nicht zu machen sei, Meister hingegen haben Visionen, hinter denen auch die scheinbar perfekteste Realisierung zurückbleibt), die aber der Rezipient dem Vielbegabten neidlos zuerkennt: mit einem Gruß in Gefilde, in denen einer wie der Vogel singt, weil er die Kunst der Meister ehrt und darum auch dann, wenn er die Bühne verlassen hat (nicht aber das Dirigentenpult, den Lesesessel, die Staffelei und den Schreibtisch), bleibt, was er immer war, ein Mensch für sich oder auf lateinisch – die ersten und die letzten Worte wollen als Gruß an den Vater des Künstlers, den Scholarchen und Philologen Albert Fischer verstanden sein – Dietrich Fischer-Dieskau ist, in der Fülle seiner Ausdruckskunst, ein homo pro se.

Walter Jens

Skizzen zur Biographie
von Dietrich Fischer-Dieskau

Steige mutig, singe heiter,
und die Welt erscheint mir gut
    Friedrich von Schlegel, Der Wanderer

I. Kindheitserinnerungen

Meist sind sie unauflöslich miteinander verwoben, die selbst erlebten Geschichten und die Familienlegende, in der wieder und wieder die ersten Äußerungen unverwechselbarer Eigenart erscheinen. Wahrscheinlich sind es überhaupt seltener frühe Ereignisse eines Lebens und der sie begleitende Kindermund, die in der Erinnerung das selbst Erlebte zutagefördern, sondern Bilder, die sich unkorrigiert erhalten haben.

»Unter dem Flügel zu liegen und in die unheimlich nahen, lauten Klaviertöne hineinzuhorchen, die der Vater hervorzauberte, war meine allergrößte Wonne.« Dieser Satz aus Dietrich Fischer-Dieskaus Erinnerungsbuch »Nachklang« liefert ein authentisches Bild, das ihm niemand hatte beschreiben müssen. Es veranschaulicht ganz aus sich selbst ein zentrales Daseinsgefühl des Kindes: Geborgenheit in einer der Alltagssphäre leicht entzogenen Welt.

Das Bild könnte noch etwas anderes aussagen, über die beiden Personen nämlich, die es zeigt. Sie sind nicht miteinander, sondern jeder für sich mit den Tönen beschäftigt, die da erklingen. Nicht von ungefähr.

Als Dietrich Fischer-Dieskau am 28. Mai 1925 im Direktorenwohnhaus des Zehlendorfer Gymnasiums zur Welt kam, hatte der Vater das 60. Lebensjahr schon erreicht. Der Altersabstand zum Vater entsprach eigentlich dem eines Enkels zum Großvater. Vielleicht wurde dem Spätgeborenen

Der Vater, 1935

der fast unvermeidliche Vater-Sohn-Konflikt auf diese Weise erspart, doch blieb auch der Dialog zwischen beiden begrenzt, zumal nur zwölf Jahre zwischen der Geburt des Sohnes und dem Tod des Vaters lagen. Dennoch schuf Albert Fischer-Dieskau — er selbst hatte den Geburtsnamen seiner Mutter dem Namen Fischer hinzugesetzt — jene Atmosphäre in seinem Hause, in der ein Talent wachsen konnte.

Auf Photographien macht der Altphilologe durchaus den Eindruck eines Gymnasialdirektors alter Schule, in Wahrheit war er einer der fortschrittlichsten Pädagogen seiner Zeit. Vor allen Wissensfragen kam bei ihm etwas, das sich heute am ehesten mit ethisch begründeter Lebensqualität übersetzen läßt. Neigungen wurden von ihm ernstgenommen, dem die Ideale des Wahren,

Die Mutter, 1902

Das Eingangsbild von Vater und Sohn, vereint und getrennt von den Tönen des Klaviers, täuscht in einer Hinsicht. Sie waren nicht allein in den Kindheitsjahren Dietrich Fischer-Dieskaus; er fand bei seinem Erscheinen in der Familie zwei Brüder vor: den vier Jahre älteren Klaus, der früh seine musikalische Begabung durch eigene Kompositionen dokumentierte, und den zwei Jahre älteren, von Geburt an kranken Martin. Die Mutter der drei Kinder hielt die Familie und die unterschiedlichen Temperamente der Söhne unter einem Hut und brachte es fertig, daß nach dem Tod des Vaters der musische Raum, den er den Söhnen geöffnet hatte, erhalten blieb. Ihren Kindern war sie viel weniger Respektsperson als Vertraute. Mit dem Jüngsten tauchte sie in die flimmernde Scheinwelt des Films dieser späten dreißiger und beginnenden vierziger Jahre.

Der junge Dietrich atmete alles in tiefen Zügen ein: die Musik, die Dichtung, die Kunst und den Kitsch. Ein unstillbares Nachahmungsbedürfnis suchte sich seinen Ausdruck auf allen Wegen.

Bilder der Erinnerung: hinter der Gardine sitzend Passanten zählen, die innerhalb von zehn Minuten vorbeikommen. Sie sind sein imaginäres Publikum. Das erste Dirigieren des Elfjährigen im Kurbad Flinsberg und das Gefühl, die eigenen Hände riefen die Musik buchstäblich hervor. Die realen Bilder eines Malers, dem er bei der Arbeit zusehen durfte und die ihn zur Nachahmung anregten. Da hatte er Lob gehört: »Du könntest auch Maler werden.« Er vergaß es nicht. Aber auch andere Bilder verschwanden nie: die Schmierereien an den Geschäften jüdischer Mitbürger, die wiederkehrenden nächtlichen Anfälle des kranken Bruders. Die hellen Bilder dieser Kindheit jedoch überwogen, und natürlich gehörte die Entdeckung der Stimme dazu.

Ihr Sohn habe die »Stimme eines Engels«, hatte Grundschullehrer Tapper der Mutter anvertraut. Da war eine Weiche gestellt, denn obwohl der erste Berufswunsch des Heranwachsenden eine Dirigentenlaufbahn gewesen war, ließ sich die Entdeckung der Stimme nicht mehr verwischen, zumal eine äußerst sanft verlaufene Stimmbruch-

Guten und Schönen noch nicht entleert vorkamen. Der Sohn mußte allzu bald erfahren, wie sie durch das heraufziehende System staatlicher Lüge mißbraucht und ins Gegenteil verkehrt wurden. Die Maßstäbe jedoch, die ihm durch die ruhige Demonstration ihres Vorhandenseins, also ganz und gar undoktrinär, vermittelt wurden, begriff er als ein unzerstörbares Erbe.

Nun war Albert Fischer-Dieskau nicht nur Altphilologe und Gymnasialdirektor. Zwar hatte es ihm selbst sein eigener Vater verwehrt, die Musik zum Beruf zu machen, dafür wurde sie ihm zur privaten Leidenschaft. Er komponierte Singspiele zu eigenen Texten – sie wurden übrigens auch aufgeführt –, und sein jüngster Sohn Dietrich schaute ihm dabei zu. Ein Bild, das sich festsetzte in seiner Erinnerung. Gar nicht früh genug konnte für Albert Fischer-Dieskau die Begegnung seiner Kinder mit der Kunst beginnen, und so saßen sie in den Nachmittagsvorstellungen des vom Vater mitbegründeten Theaters der Jugend, wurden heimisch in dieser Welt der Phantasie, die ihre Wahrheit besser bewahrte als die reale der dreißiger Jahre unseres Jahrhunderts.

phase die Entwicklung begünstigte. Mit großer Selbstverständlichkeit machte Fischer-Dieskau, als er aus seiner offenen Kinderwelt in die Bahn des jungen Erwachsenen eintrat, den Schritt in seinen Beruf als Sänger.

1941, also im Alter von sechzehn Jahren, begann er mit dem regulären Unterricht bei dem Berliner Musikpädagogen und bekannten Bach-Sänger Georg A. Walter. Dem ging es beinahe so wie dem ersten Klavierlehrer des jungen Brahms: Er erkannte bald, daß er diesem Schüler nichts mehr beizubringen hatte. Dafür blieb er dessen begeisterter Anhänger. Noch als Gymnasiast nahm Fischer-Dieskau 1942 das Studium bei Hermann Weißenborn an der Berliner Hochschule für Musik auf.

II. Prüfungen

Der Krieg zeigte inzwischen unverhüllt sein Gesicht. Berlin hatte den Bombenterror zu erleiden und wurde vom Terror des Nazi-Regimes unter Druck gehalten. Der Abiturient Fischer-Dieskau sang zum ersten Mal öffentlich – also außerhalb von Schulkonzerten. Auf dem Programm: Schuberts »Winterreise«. Fliegeralarm erzwang eine nicht vorgesehene Pause. Sänger und Publikum trafen sich im Luftschutzkeller wieder, und danach nahm das Konzert seinen Fortgang, fast als hätte es die Unterbrechung nicht gegeben. Das war das Maß der Zeit, Kunst mußte sich ihren Raum schaffen, wenn der Krieg für einen Augenblick schwieg.

Zum Abitur standen noch drei Schüler aus der Klasse des jungen Sängers vor ihren Lehrern, die anderen waren schon zur Front eingezogen. Fischer-Dieskau, ein Jahr früher eingeschult als die anderen und daher noch nicht im wehrpflichtigen Alter, ereilte dasselbe Schicksal noch im selben Jahr, obwohl Hermann Weißenborn die Freistellung des jungen Sängers zu erreichen versuchte. Es gab helle Lichter für den einzelnen in dieser finsteren Zeit. Fischer-Dieskau durfte in der Abitur-Musikprüfung über Parallelen zu Bachs »Phöbus und Pan« sprechen, und die finden sich zuhauf in Bachs »Bauernkantate«. Die wiederum endet mit

Soldat in Italien, 1945

der unverwechselbaren Zeile: »Es lebe Dieskau und sein Haus.« Mit dem künftigen Haus dieses Dieskaus aber hatte es noch mehr zu tun, daß er in einer Hochschulvorlesung ein junges Mädchen sah, von dem er den Blick nicht wenden mochte. Es war die Cellistin Irmgard Poppen, später seine Frau. Zunächst trennte der Krieg die jungen Liebenden. »Bevor ich einrückte, fanden Irmel und ich sogar noch Gelegenheit, miteinander zu musizieren. Es gab einen schweren Bombenangriff an jenem Abend, aber ich nahm das flammende Inferno und den beißenden Qualm auf dem Nachhauseweg nur am Rande wahr.«

Doch dann riß ihn der Krieg mit sich. Nach peinigenden Wochen hastiger Ausbildung: »Rußland in Großformat. Schlamm ohne Ende.« Die Armee ist mit Pferden unterwegs. Fischer-Dieskau, als Pferdepfleger bestellt, sieht täglich Tiere verenden, verhungern. »Morgenstern-Gedichte«, notiert er in seinem Tagebuch. Und so ging es ihm wie manchem, der im Grauen des Krieges psychische Rettung durch Rekapitulieren vertrauter Dichtung suchte. Und bei ihm blieb es nicht bei Gedichten; im Kopf rekonstruierte er Symphonie-

Der Heimkehrer, 1947

Mächtigen der Sinn stand. Er war froh genug, für kurze Zeit dem Dreckloch, in das der tägliche Dienst ihn steckte, zu entkommen.

Ganz allein stand er nicht mit seinem Kunstwillen, wenn auch abgesondert genug unter der Mehrzahl anderer, die es mit dem Überleben gut sein ließen. Es gab »Musikmenschen«, wie er sie nannte, vereinzelt. Manchmal ließ sich gemeinsam musizieren. Dennoch: »Unklare, schaurige Nachrichten aus der Heimat. Morgen, am Karfreitag, werde ich mir den Schädel wieder einmal mit der Matthäus-Passion vollstopfen. ›Wir setzen uns mit Tränen nieder‹ ... In letzter Zeit gehen die Nerven häufig durch. Ungewißheit, Schanzarbeit sind wohl daran schuld ...«

Der Krieg war schließlich vorbei, die Prüfungen jedoch nicht. Eine lange dauernde Kriegsgefangenschaft schloß sich an. Was einerseits Genugtuung verschaffte, die Möglichkeit nämlich, Musik aufzuführen, erwies sich als Hindernis für eine frühe Heimkehr. Zu gut gefiel den zuständigen amerikanischen Offizieren die kulturelle Betreuung, die den gesunden und vor allem den kranken deutschen Gefangenen zuteil wurde. Fischer-Dieskau durchlebte, was er später als seine »Provinzzeit« bezeichnete. Musiziert wurde alles, was rekonstruiert werden konnte oder wozu sich Noten fanden. Sang Fischer-Dieskau anfangs mutterseelenallein ohne Begleiter auf einem Podium von umgedrehten Kisten im Camp, fanden sich bald »Musikmenschen«, die sich ihm verbündeten. Fahrten von Camp zu Camp folgten: Liederabende, Rezitations- und sogar Klavierabende zusammen mit Kollegen. In Foggia entstand eine Lagerbühne: »Capitol Dora«. Fischer-Dieskau singt den »Vetter aus Dingsda« in einer aus dem Gedächtnis rekonstruierten Fassung, zu der fast jeder der Mitwirkenden etwas beitrug; er singt Lieder der Romantik, singt geistliche Gesänge, spielt vierhändig Brahms und Ravel mit dem Pianistenfreund Detlev Jürges, mit dem er bereits Debussy-Lieder einstudierte, und lernt von dem Musikwissenschaftler Gustav Adolf Trumpff Zusammenhänge der Musikgeschichte und der Kompositionstechnik kennen.

Partituren, die er auswendig gelernt hatte. Brahms' Dritte Symphonie zum Beispiel.

Ein Heimaturlaub im zerstörten Berlin, wo auch das Haus, in dem die Familie zuletzt eine Etagenwohnung innehatte, niedergebrannt war, brachte die Wiederbegegnung mit der Mutter, mit der jungen Irmgard Poppen, aber auch mit dem Lehrer und der Hochschule.

Schon sang der Fronturlauber den erstaunten Kommilitonen Brahms' »Schöne Magelone« vor. Der Impuls zu lernen, oder wie er selber sagte, »dem Ausdruck zu geben, was mich beseelt«, erscheint eher gestärkt als geschwächt durch das Inferno des Fronterlebnisses und die Schwermut einer zerstörten Stadt und des niedergebrannten Hauses, in dem der Flügel durch die Stockwerke gestürzt war.

Die norditalienische Front wurde die nächste und letzte Kriegsstation des Soldaten Fischer-Dieskau. Von Zeit zu Zeit hatte er sich beim musikliebenden General einzufinden und, so gut es ging herausgeputzt, vorzusingen, wonach dem

Kammermusik mit Irmgard Fischer-Dieskau (links) und
Edith Picht-Axenfeld, 1960

Es kam aber etwas hinzu, über die Grundlagen der Musik, die Verbreiterung des gelernten Repertoires und seiner praktischen Anwendung hinaus. Die neue Musik, die so neu nicht mehr war, jedoch vom braunen Regime unterdrückt und verboten, wurde entdeckt und studiert. Fischer-Dieskau ergriff sie mit der Neugierde, die ihm als Lebenselement eigen ist.

III. Ein Fries der Staunenden

In der Öffentlichkeit kannte niemand den jungen Mann, der im Juni 1947 aus amerikanischer Kriegsgefangenschaft zurückkehrte, erwartet von seiner Braut – wie es damals noch hieß –, die ihn zu ihrer Familie nach Freiburg im Breisgau mitnahm. Das waren lauter musikalische und unternehmende Leute. Sie waren die ersten, die ihn nach Krieg und Gefangenschaft singen hörten,

und also auch die ersten, die seine sichere Musikalität, die unglaubliche Vielseitigkeit seiner Stimme kennenlernten. Sie staunten, aber, wenn sich das so sagen läßt, sie staunten schnell und spannten den jungen Sänger, den sie als einen der ihren ansahen, in ihre Arbeit ein. Ohne Probe sprang er für den erkrankten Bariton in Brahms' »Ein deutsches Requiem« ein, und Hermann Meinhard Poppen, Leiter des berühmten Bach-Vereins Heidelberg und Bruder des künftigen Schwiegervaters von Fischer-Dieskau, ließ den jungen Sänger alles singen, was gut und teuer war, von Max Regers »Einsiedler« über Bach-Passionen bis hin zum Bauern in Schönbergs »Gurre-Liedern« bei einem späteren Besuch. Und der künftige Verwandte sang nicht nur über alle Erwartung schön und richtig, er half auch, Partituren einzurichten, zum Beispiel Schönbergs Zwischenspiele, und, mit schlechtem Gewissen zwar, doch für das Schönberg-ungewohnte Orchester absolut nötig, zu kürzen. Nicht in diesen ausnahmsweise notwendigen Einschnitten (»hier gibt es ein D-Dur, drei Seiten später wieder, also Strich…«), sondern in der Art und Weise der umfassenden Mitarbeit an der Aufführung eines Werkes kündigte sich der Arbeitsstil des Musikers Fischer-Dieskau an, der nie auftrat, nur um seinen Part abzuliefern, sondern stets das Große und Ganze eines Werks im Sinne hatte. Seine Klavierbegleiter, Sängerkollegen, Dirigenten und Regisseure erlebten es in den nachfolgenden Jahrzehnten, und selbstverständlich kündigte sich damit, als noch niemand daran dachte, der Dirigent an; der Lehrer schon gar, der diese musikalisch ganzheitliche Sicht seinen Schülern weiterzugeben versucht.

Schüler hätte der damals Zweiundzwanzigjährige auf der Stelle haben können. Er schlug jedoch die ihm angebotene Dozentenstelle aus, denn vor allem anderen wollte er singen. Er war sich seiner Stimme vollends bewußt geworden, auch wenn man eben noch von ihm hatte hören können, wie sich seine Neigungen zum Schauspieler, Sänger, Dirigenten und Maler – auch daran hielt er in Gedanken fest – miteinander vereinbaren ließen! Der Schauspieler jedenfalls war bald genug gefordert. Denn es hielt Fischer-Dieskau nicht im Südwesten. Berlin zog ihn mächtig an, auch weil seine Mutter dort lebte, und trotz der Katastrophenmeldungen über das Leben in der zerstörten Riesenstadt. Der hochaufgeschossene magere junge Mann, der Ende 1947, den Pappkoffer in der Hand, in die Stadt seiner Kindheit und Jugend zurückkehrte, war natürlich ein anderer als der, den man von hier aus in den Krieg geschickt hatte. Er hatte in den Prüfungen, denen er ausgesetzt gewesen war, Reife und innere Sicherheit gewonnen, die hinter einer nie ganz überwundenen Menschenscheu zwar nicht leicht auszumachen waren, sich im Augenblick der Kunst jedoch voll entfalteten. Und so bilden alle, die ihn zum ersten Mal hörten, eine Art Fries der Staunenden.

Fischer-Dieskau zögerte nicht, sein Schicksal in die Hand zu nehmen. Immer noch kann man von

ihm hören, wie ihn das Klima Berlins aktiviere. So war es auch damals 1947/48. Er stellte sich einem Vorsingen des Senders RIAS mit einer Bach-Arie, und Bach-Kantaten wurden mit dem RIAS-Kammerorchester und seinem Dirigenten Karl Ristenpart seine ersten Rundfunkaufnahmen. Den schönsten Mut bewies die nach Berlin zurückgekehrte Emigrantin Elsa Schiller, damals Leiterin der Musikabteilung des Senders, indem sie ihn die vollständige »Winterreise« auf Band singen ließ. Diese erste Aufnahme des Zyklus mit Fischer-Dieskau und Klaus Billing als Begleiter, die es heute noch zu hören gibt, läßt das Staunen der Hörer von damals verstehen, daß ein Zweiundzwanzigjähriger, abgesehen von der Schönheit seiner Stimme, diese Musik bereits ganz begriff und gestaltend ergriff. Wie viele Wandlungen die Interpretation des Zyklus durch den Sänger auch in den Jahrzehnten erfahren haben mag – und es waren nicht wenige –, diese erste blieb gültig für dieses Mal wie die späteren in einem unaufhörlichen Prozeß. Es blieb nicht aus, daß in Berlin über den ungewöhnlichen Sänger geredet wurde. »Er begann zu singen«, schrieb die Musikschriftstellerin Karla Höcker über eben eine solche frühe »Winterreise«-Interpretation, »und das war das wirklich Rätselhafte, daß die Stimme, der Mensch, die Musik völlig eins wurden. Man hatte das Gefühl, daß er aus sich heraus den ganzen wunderbaren Zyklus entwickelte.«

Zwar bleibt es ein Geheimnis der Begabung, wie es zu einer Ganzheit kommen kann, wie sie hier angesprochen wird. Dennoch läßt sich sagen, daß der große Ernst des künstlerischen Willens eine erkennbare Rolle spielt, mit dem Fischer-Dieskau noch an jede Aufgabe herangeht. Sein angeborenes und von Kindertagen an praktiziertes Ausdrucksbedürfnis, das von der Nachahmung ausgehend zum eigenen schöpferischen Impuls wuchs, manifestiert sich in allem, was er künstlerisch beginnt.

War das Kunstlied Ausgangspunkt und Basis seiner sängerischen Arbeit, dachte er wohl keinen Augenblick daran, sich auf dieses Feld zu beschränken. Berlin hatte mit drei Opernhäusern

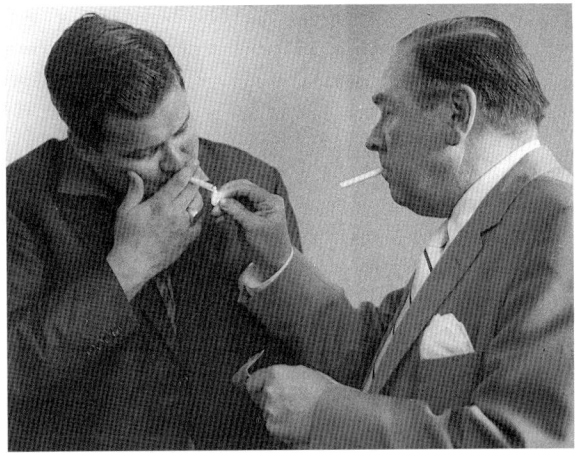

Gerald Moore
Aribert Reimann

Wichtige Begleiter

Jörg Demus
Daniel Barenboim

mehr zu bieten als jede andere Stadt, und alle drei Opernchefs interessierten sich für den jungen Sänger, über den wunder was erzählt wurde. Der schnell entschlossene Heinz Tietjen, Intendant der Städtischen Oper, zog ihn an sein Haus. Nach kurzem Vorsingen – es war die Arie des René aus Verdis »Maskenball« – kam ein Satz, wie für die späteren Biographen bestellt: »In vier Wochen werden Sie bei mir den Posa singen.« Und der Dirigent dieser »Don Carlos«-Produktion von 1948, Ferenc Fricsay, sorgte sogleich für den nächsten Satz: Er habe nicht erwartet, in Berlin »einen italienischen Bariton zu finden«. Es handelte sich um das Erfassen des musikalischen Sinnes einschließlich eines italienischen Legatos, das die Partie verlangt.

Mit Posa zu beginnen, bedeutete für Fischer-Dieskau mehr, als eine wunderbare Partie singen zu dürfen. Die Identifikation mit dieser Figur entsprach ganz dem, was er sich aus Tagen früher Jugend bewahrt hatte. Natürlich lernte der leidenschaftliche Sänger-Darsteller schnell, ganz widersprüchliche Charaktere auszufüllen.

Auf Posa folgte Wolfram in Wagners »Tannhäuser«, und ganz Berlin glaubte, einen Wolfram wie diesen noch nie gehört zu haben.

Aber auch die Klischees begannen schon zu blühen. Er sei eben der ideale Vertreter des lyrischen Fachs, ein Wolfram, wie er im Buche stand. Das Buch aber hatte viele Seiten und gab Grund zu neuem Staunen.

Zu Beginn des »Wolfram«-Jahres 1949 hatte Fischer-Dieskau geheiratet. Irmgard Poppen, die Cellistin aus Freiburg, war seine Frau geworden. Das Ehepaar zog in zwei Zimmer jenes Charlottenburger Hauses, das bis heute der Berliner Wohnsitz Fischer-Dieskaus blieb. Irmel, wie sie schon in der eigenen Familie genannt worden war, gab dem eben zu Weltruhm aufbrechenden Künstler jene Anbindung an ein menschliches Maß, die ihn der Gefahr entgehen ließ, sich in den goldenen Höhen des Ruhms zu verlieren. Er begriff es wohl. Nie wieder wollte er ohne eine solche Anbindung leben.

Berlin, die Oper, die Konzerte und Liederabende, die Rundfunk- und ersten Schallplattenaufnahmen waren ja erst ein tastender Beginn. Zwei Jahre später sang Fischer-Dieskau zum ersten Mal beim Edinburgh-Festival und kam Jahr für Jahr wieder, sang zum ersten Mal bei den Salzburger Festspielen und gehörte von da an zu deren Besetzungselite, trat zum ersten Mal an der Bayerischen Staatsoper auf und wurde nach kurzer Zeit ihr Ensemblemitglied. In London traf er sich zu ersten gemeinsamen Einspielungen mit Gerald Moore im Aufnahmestudio. Und dem erfahrenen Liedbegleiter ging es, wie es noch allen gegangen war und in der Zukunft gehen sollte, die mit ihm zusammen Musik machten: »Er brauchte nur eine Passage zu singen, und ich wußte, daß ich einen Meister vor mir hatte.« War Gerald Moore der Liedbegleiter, mit dem die meisten Einspielungen auf Schallplatten entstanden, wozu die Gesamtaufnahme aller Schubert-Lieder für Männerstimme beitrug, so gehörte es doch zu den grundsätzlichen Überlegungen des Sängers, seine Begleiter zu wechseln. Und es klingt einleuchtend, daß jeder neue für die Interpretation eines Liedes veränderte Voraussetzungen schafft.

Also wechselten die Begleiter, und ihre Zahl überschreitet die Hundert. Dabei wirken allerdings zufällige Konstellationen mit. Wesentlichen Anteil an der Entwicklung von Fischer-Dieskaus Interpretationen hatten höchst unterschiedlich gestimmte Pianisten, reine Liedbegleiter wie Gerald Moore und Virtuosen des Klaviers. Ein

»Kindertotenlieder« mit Wilhelm Furtwängler, 1953

paar Namen verdeutlichen es: Jörg Demus, Karl Engel, Christoph Eschenbach, Hermann Reutter, Günther Weißenborn, Wolfgang Sawallisch und Leonard Bernstein, Swjatoslaw Richter, Maurizio Pollini, Murray Perahia, Alfred Brendel, Aribert Reimann, Daniel Barenboim, Hartmut Höll und Andras Schiff.

Das Jahr 1951, das mit der Geburt des ersten Sohnes von Irmgard und Dietrich Fischer-Dieskau begonnen hatte, schloß mit dem Debüt als Almaviva in Mozarts »Figaro«, wiederum in Berlin.

Wie dieses Jahr vergingen die weiteren im Fluge. Neue Aufgaben, neue Herausforderungen für den Liedsänger wie für den Sänger-Darsteller hielten ihn in Atem und die Welt, das heißt immer mehr Musikliebhaber in der Welt, in Staunen. Zu den Deutschlandtourneen kamen Konzerte in den europäischen Musikzentren, und seit 1954 standen die Vereinigten Staaten und Kanada auf dem Reiseprogramm. 1954 hatte Bayreuth

Don Giovanni mit Ferenc Fricsay, 1960

Jochanaan mit Karl Böhm, 1959

Fischer-Dieskaus Wolfram in Wieland Wagners »Tannhäuser«-Inszenierung gesehen. Auf der Opernbühne folgten auf Posa, Wolfram und Almaviva Busonis Doktor Faust, Jochanaan, Don Giovanni und zur Verblüffung der Opernwelt ein hinreißender und urkomischer Falstaff. Man hatte sich inzwischen daran gewöhnt, daß dieser Sänger von Mal zu Mal die Grenzen überschritt, die man ihm ziehen zu müssen glaubte. Wer jedoch gedacht hatte – und der Sänger selbst zweifelte anfangs, ob ihm, dem Norddeutschen, soviel Komik in die Wiege gelegt sei –, dem offenbaren Ernst dieses Künstlers sei die Komik dieser Rolle nicht zuzutrauen, sah sich eines besseren belehrt. Denn der eigentliche Humor ist ohnehin viel mehr einer ernsten Lebenssicht verwandt als dem Leichtsinn.

Weitere Lebensrollen kamen hinzu: Mandryka in »Arabella« von Richard Strauss, Mathis in Hindemiths Oper und darauf ein für viele unerwarteter, expressiver Wozzeck, schließlich – um der bruchstückhaften Aufzählung ein Ende zu machen – der wahnsinnige Dichter Mittenhofer in der Uraufführung von Hans Werner Henzes Oper »Elegie für junge Liebende«. Das war 1961.

»The greatest living liedersinger« (»Time«) war zugleich einer der vielseitigsten Opernsänger,

und wenn er sich auch manchmal der Frage erwehren mußte, ob das eine das andere nicht ausschließe, war es gewiß, daß seine Stimme beides vermochte. Die Schallplatte läßt für alle Zukunft den Beweis zu.

Fischer-Dieskau schätzte die Möglichkeiten und Grenzen des elektronischen Mediums von Beginn richtig ein und folgte bereitwillig den Wünschen der sich zur Medienmacht entwickelnden Schallplattenindustrie, ohne auch nur einen Fingerbreit von seinem künstlerischen Anspruch zu opfern. War er »the most recorded Lied-singer«, wie englische Zeitungen meldeten? Wer sonst hätte es sein sollen?

Auch heute überwiegen auf dem Schallplattenmarkt die Aufnahmen seiner Liedinterpretationen. Wer wollte sie missen? Aber die Partien des Opernrepertoires besitzen die gleiche Präsenz und Individualität wie die Liedcharaktere, ja, sie führen einen eigenen Reiz mit sich, weil sie hineingestellt sind in ein Ensemble. Es ist etwas darin zu

Posa

Falstaff

spüren, was jene Ensembles empfanden, die von seinem Kunstanspruch und seiner Spielfreude angesteckt wurden. Und die Dirigenten wußten es, der erste Dirigent Ferenc Fricsay ebenso wie George Szell, Erich Leinsdorf, Karl Böhm, Leonard Bernstein, Eugen Jochum, Herbert von Karajan, Wolfgang Sawallisch, Gerd Albrecht, um nur einige zu nennen.

IV. Lebenswende

Im Herbst 1962 hatte Dietrich Fischer-Dieskau neben dem Tenor Peter Pears in der Kathedrale von Coventry die Uraufführung von Benjamin Brittens »War Requiem« gesungen. Ohne dem Werk eine ihm nicht zugehörende Interpretation mitzugeben, wird man sagen dürfen, daß dieser Totenklage für den Sänger bald eine zusätzliche Bedeutung zuwuchs, als im darauffolgenden Jahr Irmgard Fischer-Dieskau starb. Die Lebensbahn, die ihn so hoch hinaufgeführt hatte, schien unter

ihm einzubrechen. Das Leben selbst schien stillzustehen… Doch da waren drei Söhne, der letzte gerade zur Welt gekommen, und es erwachte nach kurzer Lähmung der Lebenswille eines achtunddreißigjährigen Mannes, bei dem das tiefste Unglück seines Lebens mit dem fast schon erreichten Höhepunkt seiner Lebenskraft und der unerschöpflichen Ausdrucksstärke seiner Kunst zusammenfiel.

Er lebte weiter, er arbeitete weiter. Einer der musikalischen Freunde, der Pianist Jörg Demus, war im rechten Augenblick dagewesen, hatte es dem Trauernden möglich gemacht, Musik wieder zu ertragen, zu hören und schließlich die eigene Stimme wiederzugewinnen. Konzert und Oper, Schallplattenaufnahmen und Tourneen nahmen wieder ihren Platz ein. Seit einigen Jahren schon hatte Fischer-Dieskau regelmäßig zu zeichnen und zu malen begonnen; der Besuch einer Klee-Ausstellung im Jahre 1960 hatte einen neuen und

Sachs

Almaviva

entscheidenden Anstoß dazu gegeben. Der Dialog mit dem jeweiligen Bild erwies sich als wichtige Form der schöpferischen Selbstbesinnung und blieb es für immer.

Die folgenden zehn Lebensjahre waren wieder bestimmt von einer Erweiterung und Vertiefung des sängerischen Repertoires, von einer verstärkten Einbeziehung zeitgenössischer Musik. Zu den europäischen Ländern und den USA trat Japan als musikalisches Territorium. Und der Kunstverstand der japanischen Konzertbesucher zog den Sänger jedesmal stärker in seinen Bann.

Das Jahr 1968 spülte mit dem Nichtzustandekommen der offiziellen Uraufführung von Hans Werner Henzes »Floß der Medusa« (die Generalprobe war aufgezeichnet worden) die Brandung der Tagespolitik in den Weg des Künstlers, dessen sehr wohl politisches Denken die Politisierung der Kunst jedoch verneinte, da Kunst, wenn sie politisch sein sollte, es aus sich selber sein müßte.

Die Jahre 1970 und 1971 standen – neben all den inzwischen selbstverständlich gewordenen Opernauftritten und Liederabenden auf Welttourneen – im Zeichen der Gesamtaufnahme der Schubert-Lieder für Männerstimme mit Gerald Moore, der für Fischer-Dieskau noch einmal an den Flügel zurückgekehrt war, von dem er 1967 schon Abschied genommen hatte.

Unübersehbar ist die Erweiterung der Ausdrucksmittel Fischer-Dieskaus in diesem Lebensabschnitt. Zum Singen hatte die Malerei einen neuen Akzent hinzugefügt, und 1968 erschien nun die erste schriftstellerisch-editorische Arbeit, das Handbuch »Texte deutscher Lieder«, dem 1971 die musikalische Biographie »Auf den Spuren der Schubert-Lieder« folgte. Als schließlich 1973 Auftritte Fischer-Dieskaus als Dirigent begannen, da hatte sich das Spektrum der gewählten Ausdrucksmöglichkeiten vervollständigt. Facetten seines Ausdruckswillens, die er von Jugend an im Sinne gehabt hatte.

Mit Julia Varady in Puccinis »Der Mantel«, München 1973

V. Lebenshöhe

Mit Julia Varady, die er 1973 bei den Proben zu Puccinis Einakter »Der Mantel« in München kennengelernt hatte, fand Fischer-Dieskau jene Bindung wieder, die er als Mitte des Lebens ansieht. Läßt sich die Freude nachfühlen, eines Tages der Mandryka dieser Arabella zu sein? Dazu kam es 1977, dem Jahr ihrer Hochzeit. Im oberbayerischen Seenland haben sie sich ein Haus gebaut, einen Sommersitz sozusagen, denn Berlin blieb der Hauptwohnort und Ausgangspunkt aller Tätigkeit. Es ist nur ein Aperçu am Rande, bezeichnet aber schlaglichtartig die Ausnahmestellung, die ein Sänger von solcher Popularität, wie sie Fischer-Dieskau aller Konzessionslosigkeit des künstlerischen Anspruchs zum Trotz (oder wegen ihr?) einnahm, daß es Fangruppen gab, die per Bus angereist kamen, um den Bauplatz zu besichtigen und eine Handvoll Erde mitzunehmen!

Fischer-Dieskau, der sich eine der großen romantischen Baritonpartien über Jahrzehnte aufgehoben hatte, sang 1976 an der Deutschen Oper Berlin zum ersten Mal den Sachs in Wagners »Meistersingern«, und er sang ihn 1979 in München mit Julia Varady als Eva. Es war wie eh und je: Allen schien gerade diese Rolle wie für ihn geschaffen. Wir erinnern uns an die Kommentare zum ersten Wolfram des Sängers. Fast selbstverständlich, daß sie genauso ausfallen mußten bei der letzten großen Opernpartie, die nun tatsächlich für seine Stimme geschrieben worden war: Lear in Aribert Reimanns gleichnamiger Oper.

Die Zahl der Uraufführungen hatte ständig zugenommen in diesen Jahren. Die Komponistennamen Gottfried von Einem, Witold Lutosławski, Ernst Krenek, Aribert Reimann, Siegfried Matthus und Wolfgang Rihm seien hier stellvertretend genannt. Seit 1983 stand das Lied wieder im Mittelpunkt aller Aktivität des Sängers, zugleich nahm der Pädagoge seine Arbeit an der Berliner Hochschule der Künste auf.

1980 wurde im Bamberger Kunstverein die erste Ausstellung mit Bildern Dietrich Fischer-Dieskaus eröffnet, und weitere folgten nun fast Jahr für Jahr, oft mehrere in Jahresfrist. Wenn er sagt: »Eigentlich male ich jeden Tag«, dann liegt in diesem Satz viel von der selbstverständlichen Einbeziehung dieser künstlerischen Ausdrucksform in seinen Lebensrhythmus: Dem Dialog des Musikers mit der Musik steht seit nunmehr dreißig Jahren der des Malers mit seinem Bild gleichwertig an der Seite. Schriftstellerisch hat sich Fischer-Dieskau von der Arbeit, wie sie in den Büchern über Schubert und Schumann vorherrscht, weiterbewegt in größere Zusammenhänge des Musikalischen, Musikgeschichtlichen und Biographischen. Als Höhepunkt lassen sich das Grundsatzwerk über Lied und Gesangskunst »Töne sprechen, Worte klingen« sowie die innovative Debussy-Biographie »Fern die Klage des Faun« ausmachen. Neue Liedprogramme stehen in den achtziger Jahren im Vordergrund: Berg- und Schönberg-Lieder, Zyklen von Britten, Reimann und Fortner, Hanns Eislers »Hollywood Tagebuch«.

Der Dirigent

Mit Julia Varady in Aribert Reimanns »Lear«,
München 1978

Die neunziger Jahre begannen mit der Uraufführung von Aribert Reimanns »Shine and Dark« 1991 in der Tonhalle Zürich.

Das Jahr 1992 bringt Liederabende in Berlin, Paris, Düsseldorf, Garmisch, London, Feldkirch, München, Ludwigsburg, Salzburg, Leipzig, Stuttgart und Tokio. Als das Jahr 1993 beginnt, hat der Sänger ohne große Worte eine Epoche des Singens beendet. Seine Epoche. Aber das Jahr brachte nicht nur diesen Abschied, sondern hatte auch einen symbolträchtigen Anfang zu bieten: »Hölderlin-Morgen« hieß die öffentliche Veranstaltung mit Schülern der Meisterklasse Fischer-Dieskaus. Gemeinsam mit Daniel Barenboim sah und hörte man ihn Busonis »Augustin« interpretieren und die Brahmsschen »Liebeslieder-Walzer«, gesungen von seinen Schülern, begleiten.

Wenn der Sänger auch schwieg, so war der Dirigent doch wieder auf dem Plan. 1994 dirigierte er bei den Festspielen in Schwetzingen, einem bereits historischen Ort seiner Sängerlaufbahn, denn im selben Rahmen hatte er 1961 Hans Werner Henzes »Elegie für junge Liebende« als Gregor Mittenhofer uraufgeführt. Nun leitete er die Aufführung von Schönbergs »Kammersym-

phonie« E-Dur, op. 9, und Mahlers »Lied von der Erde« in Schönbergs Bearbeitung für Kammerensemble. Während der Schubertiade im vorarlbergischen Feldkirch, die ihn jahrelang als Sänger sah, musizierte er mit der Salzburger Camerata academica Beethovens G-Dur-Konzert mit Andras Schiff, einem der Pianisten der jungen Generation, als Solisten und Schuberts große C-Dur-Symphonie.

Mit der Rückkehr ans Dirigentenpult nahm Fischer-Dieskau eine Arbeit wieder auf, die ihn von 1973 bis 1975 mit wechselnden Orchestern durch die Welt, u. a. nach Israel und in die USA geführt hatte und die ihm seines ganzheitlichen Musikbegriffes und -begreifens wegen – wie eine seiner Lebensrollen – auf den Leib geschrieben scheint.

Dirigieren, schreiben, malen, lehren: Die Gegenwart des Künstlers ist besetzt mit der Erfüllung seines Ausdruckswillens. Der Blick zurück, auf so reiche künstlerische Ernte er sich auch werfen ließe, fällt eher kurz aus. Die Bilder, die Dietrich Fischer-Dieskau beschäftigen, sind Zukunftsbilder, die Aufgaben, die ihn bewegen, sind die gegenwärtigen.

Hans A. Neunzig

»Das Nichterlebte ersetzen«

Ist es nicht aufregend, daß wir uns Bildern und Zeichnungen zuwenden können, die etwas von dem aufdecken, was hinter der unerhörten Interpretation des Sängers steckt? Alles, was mithelfen kann, sich dem Geheimnis der Perfektion anzunähern, die Dietrich Fischer-Dieskau in seinem eigenen Fach erlangt hat, betrifft uns. Das Faszinierende besteht nicht zuletzt darin, daß jemand, der das Ideale erreicht hat, uns die Möglichkeit anbietet, dem, was sich am Genie nicht definieren läßt, auf einem anderen Terrain nachzujagen. In dieser Feststellung liegt nicht zuletzt der hermeneutische Ertrag des Blicks auf die Doppelbegabung. In seinem schönen Buch »Nachklang – Ansichten und Erinnerungen« kommt Dietrich Fischer-Dieskau am Rande auf die Rolle zu sprechen, die in seinem Leben der lange Aufenthalt im Atelier spielt. Und wenn er auf diesen Seiten die Rede auf das »Dasein« bringt, dann haben wir diesem Wort eine existentielle Note zu unterschieben: »Was mich seit meiner Kindheit an Zeichen-, Farb- und Kompositionsstudien beschäftigte, reicherte mein Dasein um entscheidende Impulse an.« Diese Auseinandersetzung mit dem Malen mündet in ein eindeutiges Plädoyer für das Metier: »Aber die sinnliche Kraft der Malerei wird belangvoller. Sie behauptet sich bis heute, trotz der Medienflut, die uns alle überspült. Das Zeitalter der Reproduktion hat es bislang nicht fertiggebracht, die Originalität des Kunstwerks außer Kraft zu setzen. Es steckt ein tiefes und nicht wegzudenkendes Bedürfnis in uns, in der Kunst ein vis-à-vis zu sehen, als Herausforderung, aber auch als Bestätigung, die durch keine andere Wirklichkeit nachgemacht oder ersetzt wird.«

Ich erinnere mich gut an den Tag, an dem bei Max Ernst in der Rue de Lille ein Brief von Dietrich Fischer-Dieskau eintraf, mit der Bitte, für eine Plattenhülle ein Bild verwenden zu dürfen. Max Ernst freute sich von Herzen darüber und bat mich, das freundliche Schreiben zu beantworten. So kam »Die Auserwählte des Bösen«, das mächtig-drohende Vogeldenkmal der Nationalgalerie Berlin, gewiß keine liebliche Darstellung, auf den Umschlag der Liedsammlung »Aufbruch des 20. Jahrhunderts«. Ungewöhnlich erschien mir zunächst, daß sich der Sänger überhaupt selbst um solche »außermusikalischen« Details kümmern sollte. Aber schon bei unseren ersten Begegnungen kam Dietrich Fischer-Dieskau immer wieder voller Passion auf sein Leben mit Bildern zu sprechen. Davon, daß er selbst malte, war zunächst nicht die Rede. Doch eines Tages führte er mich zu meiner Überraschung in sein eigenes Atelier. Ich werde nie vergessen, mit welcher Scheu und Behutsamkeit er die Tür zu diesem Raum öffnete. Geradezu mit der Angst, mit der er in der Rolle des Herzogs Blaubart Türen versperrt halten möchte. Denn das spürte der Besucher: Der Gang über diese Schwelle führte nicht zum Theater einer heiteren Nebenbeschäftigung, sondern zu einem Ort, an dem sich die Unruhe ungeschminkt ausspricht. Nebenbeschäftigungen oder Ablenkungen in der Kunst kann es für ihn auch eigentlich nicht geben. Die unerhörte Konzentration und Strenge, die alles bei ihm umgibt, herrscht auch hier. Überraschend auf den ersten Blick die große Anzahl der Bilder. Offensichtlich geht es nicht darum, dann und wann entspannt ein Bild zu malen, eine Zeichnung fertigzubringen. Ein geradezu professioneller Kampf um ein ganzes malerisches Œuvre stand da vor einem: Porträts, Landschaften, viele undurchdringliche Wälder, Vernetzungen von Formen, Verstrickungen – all das in Fülle, in zahlreichen Variationen und Stimmungen. Etwas Rauschhaftes und Wildes schwebt über der Szenerie. Eine expressive, häufig großformatige Malerei herrscht vor. Die schnell trocknenden Dispersionsfarben, die er mit Vorliebe benützt, kommen dem entgegen. Alle diese Bilder sind gewissermaßen in Vehemenz entworfen, aber sie folgen einem erkennbaren strukturellen Aufbau. Innerhalb der Entwicklung hält sich eine Konstante: das Labyrinth, in das sich die Themen verstricken. Wie Flechten legen sich die Konturen über die Malerei. Geschwindigkeit und Disziplin, damit wollte man den Eindruck beschreiben. Wie jeder Maler in unserem Jahrhundert schleppt auch Dietrich Fischer-Dieskau die Kenntnis von der Geschichte der Avantgarde mit sich. Einflüsse des Spätimpressionismus und eines konstruktiven Aufbaus lassen sich nicht übersehen. Dazu steht er auch mit seinen eigenen Äußerungen. Zwar scheint dies alles im Umkreis des Impressionismus einzusetzen. Dazu gibt es Selbstaussagen: »Meine besondere Liebe gehörte seit je den Franzosen des vorigen Jahrhunderts.« Doch die Spontaneität, die in zahlreichen schönen Skizzenblättern den Augeneindruck wiedergibt, wird in den Gemälden zurückgedrängt. Zur Ausdrucksgebärde tritt rasch die Reflexion, die alles erschwert. Dazu äußerte sich Fischer-Dieskau wie folgt: »Aber den Anstoß, das Malen ernsthaft anzufangen, gab Klee mit seinen späten Bildern.« Den Anstoß wohl, doch der eigene Weg drängte in eine andere Richtung.

Was er hier zu persönlichem Ausdruck bringt, geschieht in einer Freiheit, die keine Rücksicht auf Geschmack und Meinungen zu nehmen braucht. Denn die Bedeutung seines Malens liegt nicht zuletzt in dem, daß es dieses Malen geben muß. Eines seiner ersten Worte im Atelier klingt mir noch im Ohr, es handle sich um eine sehr ernste Beschäftigung. Und er fügte hinzu, diese Arbeit an der Staffelei habe sich inzwischen so sehr verselb-ständigt, daß er ohne sie nicht mehr leben könne. Er sprach von einer »zeitanhaltenden Tätigkeit«. Dieser existentielle Ansatz muß jeden, der vor diesen Arbeiten steht, berühren. Denn was kann einen Menschen wie ihn, der, wollte man doch meinen, wie kein anderer ein Glücksbringer ist, bewegen, noch ein zusätzliches Glück zu suchen? Dahinter steckt die Angst des Sängers vor der verrinnenden Zeit. Dies sammelte sich im Atelier zu einem tiefen Eindruck: Das war nicht der Ort eines Sonntagsmalers, der sich seine Ablenkung verschafft. Einen Schlüssel zu dieser Überschreitung gibt er uns in seinem Buch »Auf den Spuren der Schubert-Lieder«. Hier finden wir eine Äußerung über Schuberts Hinwendung zur Poesie, die diesem grenzüberschreitenden Malen als Motto dienen kann: »Er brauchte die Vorstellung dessen, was ihm das Nichterlebte ersetzen könnte. Darum auch gehörte den Dichtern seine ganze Liebe… Sie lieferten Bilder, Formen und Geschehnisse, die ihm sonst unerschlossen geblieben wären.« Ich habe in einer kleinen Rede auf Dietrich Fischer-Dieskau auf Tizians Bild vom Orgelspieler hingewiesen, der im Spiele innehält, der vor der Musik das Ohr verschließt und verwirrt seine Augen der liegenden Venus zuwendet. In dieser neuplatonischen Allegorie geht es um die Rivalität der Sinne. Und es geht letztlich um die Rolle der Zeit in der Kunst. Der Interpret Dietrich Fischer-Dieskau führt wie kein anderer den zuckenden Schmerz von Vergänglichkeit vor. Und daran anknüpfend war zu sagen, daß der Sänger immer erneut in uns diese geradezu panische Angst vor dem Verschwinden und Vergehen eben der wünschenswertesten Erfüllung von Zeit hervorbringe. Mit dem, was er uns antue, hebe er auf unerhörte Weise die Fragilität von Zeit, das Unrevidierbare von Zeit ins Bewußtsein – die unwiederbringliche, auf die Spitze der Zeit getriebene Schönheit seiner Interpretationen berührten den Menschen so stark, weil eine metaphysische Frage erklinge. Denn als Produzent einer einzigartigen Vergänglichkeit lasse er jeweils erneut die Hermeneutik des Todes in uns eindringen. Kehren wir zurück in dieses überraschende Atelier: ein Malen, das einer inneren Notwendigkeit entspringt und das sicherlich in seinem Ansatz ernster ist und tiefer reicht als das vieler Berufskünstler, die nicht von dieser Not der Zeit des Sängers wissen.

Ich variiere hier einige Anmerkungen, die ich vor mehreren Jahren für den Freund Dietrich Fischer-Dieskau geschrieben habe. Lange Zeit übersetzte der Maler auf schonungslose Weise die Stimmungen und Ängste des Sängers. Einige Hinweise, die mir besonders auffällig erschienen, müssen aus der Rückschau hervorgehoben werden, nicht zuletzt weil sich der Anlaß dieses Malens dramatisch verschärft hat. Das hat damit zu tun, daß der Sänger nicht mehr singt. Das Verstummen sucht sich hier seine Zeichensprache. Viele Themen umspielen Erinnerungen. Diese Suche nach Erinnerung ist nicht intendiert, sie drängt sich spontan in den Vordergrund. Dafür bieten Leben und Werk des Sängers ein unübersehbar reiches Geflecht an unvergänglicher Vergangenheit. Nehmen wir das, was die zahllosen Skizzen, die auf den Reisen entstanden sind, festhalten. In ihnen umspielt ein Wanderer durch die Welten die Welt. Häufig treten die Titel zu den Bildern erst nachträglich hinzu. Sie kommen nicht darum herum, das übergreifend Unbewußte des Malens und Zeichnens auszusprechen. Musikalische Anspielungen in den Bildern sind vorrangig. Nehmen wir nur die Porträts von Bruckner, Krenek, Britten oder von Reimann. Wir finden Anspielungen auf Klingsors Zaubergarten, auf Herzog Blaubarts Burg. Die schwarzen Hintergründe und die Netze, die die Bilder überziehen, drücken den psychischen und sinnlichen Druck aus, der hinter den Szenen steckt. Dem treten Motive zur Seite, die mit der Stimmung der letzten Jahre zu tun haben. Schuberts »Melancholie«, Mahlers »Abschied« oder Schuberts »Wohin«. Sie bilden zusammengenommen eine Trilogie des Adieus. Der Blick auf die Bilder stellt in diesem Sinne etwas bloß: Es kommt in ihnen eine tiefe Erregtheit zum Ausdruck, die immer wieder die Grenze zum Unharmonisch-Gebrochenen umspielt. Schon diese Unruhe verhindert, daß die Malerei in geschmäcklerischen »Wohllaut« abgleitet. Die Bilder und Zeichnungen sind aufregende Indizien. Was sich in ihnen mitteilt, hat uns mehr zu sagen als die durch keine vergleichbare Tiefe und Melancholie abgedeckte Aktivität zahlloser malender Zeitgenossen.   Werner Spies

DIE BILDER
Eine Auswahl

Puppenbrücke, 1962
Öl, 80 x 80

Der Philosoph, 1981
Öl/Acryl, 80 x 65

Orpheus, 1987
Dispersion, 110 x 90

Gestade, 1987
Dispersion, 80 x 100

Herzog Blaubarts Burg, 1993
Öl/Dispersion, 153 x 133

Gedenke mein! (Hamlet), 1992
Dispersion, 98 x 119

Triptychon: Passion, Teil I (gelb), 1992 – 94
Öl/Dispersion, 99 x 129

Triptychon: Passion, Teil II (rot), 1992−94
Öl/Dispersion, 129 x 99

Triptychon: Passion, Teil III (blau), 1992–94
Öl/Dispersion, 99 x 129

Espressivo, 1991
Dispersion, 72 x 100

Zauberhirsche (Bartók), 1993
Öl/Dispersion, 94 x 123

Duettino (Barockoper), 1993
Öl, 102 x 72

Klingsors Garten, 1993
Öl, 64 x 54

39

Erinnerung Potsdamer Platz, 1989
Dispersion, 52 x 72

Berlin Mitte, 1994
Dispersion, 55 x 40

Andante Favori, 1990
Wasserfarben, 30 x 38

Pelleas, 1993
Aquarell, 34 x 24

Zaubergarten I, 1991
Dispersion, 73 x 73

Schatten, 1984
Dispersion, 100 x 80

Impromptu grün-rot, 1965
Öl, 60 × 60

Wohin?, 1986
Dispersion, Collage, 130 x 80

Am Flusse, 1989
Dispersion, 110 x 90

Des Abends, 1990
Tempera/Acryl, 64 x 49,5

Voralpen, 1986
Acryl, 45 x 45

Arcadia, 1987
Dispersion, 130 x 80

Über der Heide (Brahms), 1992
Dispersion, 52 x 61

Glienicker Löwe, 1982
Acryl, 41 x 55

Schneise, 1993
Kreide, 21 x 28

Im Walde, 1989
Aquarell, 35 x 24

Buche, 1990
Aquarell, 43 x 35,5

Generalpause, 1981
Aquarell, 40 x 54

Lever, 1991
Aquarell, 36 x 32

Pauline, 1989
Dispersion / Gouache, 110 x 80

Rast, 1990
Dispersion, 54 x 64

Bühnenraum, 1992
Öl, 33 x 40

Mephisto, 1993
Gouache, 56 x 40

Slava Richter, 1982
Acryl, 50 x 50

Hindemith, 1984
Dispersion, 60 x 50

Julia rot, 1980
Deckfarben, 70 x 58

Pastoral, 1990
Feder laviert, 34 x 47

Biographische Daten

1925 Geboren am 28. Mai in Berlin als Sohn des Oberstudiendirektors Dr. Albert Fischer-Dieskau und Frau Dora, geb. Klingelhöffer. Besuch des Humanistischen Gymnasiums in Berlin.
1941 Beginn der Gesangsausbildung bei Professor Georg A. Walter.
1942 Fortsetzung der Gesangsstudien an der Musikhochschule Berlin bei Professor Hermann Weißenborn.
1943 Abitur und Einberufung zum Wehrdienst.
1945 Kriegsgefangener der Amerikaner in Italien. Erstes Auftreten im Lager.
1947 Wiederaufnahme des Studiums bei Weißenborn in Berlin (Hochschule). Erste Liederabende. Erste Rundfunk-Aufnahme der »Winterreise« Schuberts (RIAS Berlin).
1948 Opern-Debüt an der Städtischen Oper Berlin als Marquis Posa in Verdis »Don Carlos«. Weitere Liederabende. Verpflichtung als 1. Bariton der Städtischen Oper Berlin.
1949 Heirat mit Irmgard Poppen (Violoncello). Söhne: Mathias (1951), Martin (1954), Manuel (1963). Erste Schallplattenaufnahme bei »Deutsche Grammophon«: »Vier ernste Gesänge« von Brahms. Gastverträge an der Wiener Staatsoper und der Bayerischen Staatsoper München.
1951 Debüt bei den Salzburger Festspielen: »Lieder eines fahrenden Gesellen« von Mahler unter Wilhelm Furtwängler. Erstes Auftreten beim Edinburgh Festival.
1954 Erstes Auftreten bei den Bayreuther Festspielen. Erste USA-Tournee mit Liederabenden und Konzerten.
1961 Uraufführung der »Elegie für junge Liebende« von Hans Werner Henze in Schwetzingen (Festspiele). Eröffnung der Deutschen Oper Berlin mit »Don Giovanni« von Mozart (Titelrolle unter Ferenc Fricsay).
1962 Uraufführung des »War Requiem« von Benjamin Britten in Coventry.
1963 Tod von Irmgard Fischer-Dieskau. Erste Japan-Tournee. Eröffnung des Nationaltheaters München mit »Frau ohne Schatten« von Richard Strauss.
1965 Uraufführung der »Blake Songs« von Benjamin Britten beim Aldeburgh Festival. Liederabende mit Swjatoslaw Richter am Flügel. Erstes Gastspiel an der Covent Garden Opera London (»Arabella« von Richard Strauss). Ehe mit Ruth Leuwerik.

1966 »Falstaff« mit Leonard Bernstein und Regisseur Luchino Visconti an der Wiener Staatsoper.
1967 Abschiedskonzert für Gerald Moore in London.
1968 Liederabend mit Leonard Bernstein am Flügel in New York. »Das Floß der Medusa« von Hans Werner Henze in Hamburg (NDR).
1969 Erste Liederabende mit Daniel Barenboim.
1970/71 Gesamtaufnahme der Lieder Schuberts mit Gerald Moore.
1971 1. Israel-Tournee (als erster deutscher Künstler nach dem Krieg).
1973 Konzertreisen als Dirigent (Camerata academica Salzburg, Scottish National Orchestra, English Chamber Orchestra). Liederabende mit Christoph Eschenbach, so auch bei den Salzburger Festspielen.
1974 USA-Debüt als Dirigent beim Los Angeles Philharmonic Orchestra. Konzertreise mit dem Israel-Philharmonic Orchestra.
1976 Hans Sachs in Wagners »Die Meistersinger von Nürnberg« in Berlin. Gesamtaufnahme der Hugo-Wolf-Männerstimmen-Lieder.
1977 Heirat mit Julia Varady.
1978 Uraufführung von Aribert Reimanns Oper »Lear« in München.
1980 Uraufführung der »Lear-Fragmente« Reimanns und von »The Disambler« von Ernst Krenek in Berlin.
1981 Produktion des TV-Films »Elektra« (Richard Strauss) in Wien. Festkonzert 200 Jahre Gewandhaus Leipzig. Uraufführung von »Szenen des Holofernes« von Siegfried Matthus.
1982 Uraufführung des »Requiem« von Aribert Reimann in Kiel und von »Die Botschaft« von Reinhard Schwarz-Schilling.
1983 Beginn der Lehrtätigkeit als Professor an der Hochschule der Künste Berlin.
1984 Uraufführung von »Umsungen« von Wolfgang Rihm.
1985 Uraufführung von »Der die Gesänge zerschlug« von Peter Ruzicka.
1988 Uraufführung der »Nachtlieder« von Siegfried Matthus in Berlin.
1991 Uraufführung von »Shine and Dark« von Aribert Reimann in Zürich.
1992 Beendigung der gesanglichen Tätigkeit. Erste Auftritte als Rezitator.
1993 Konzerte als Dirigent bei den Schwetzinger Festspielen und der Schubertiade Feldkirch.
1994/95 Meisterkurse in Como, Lübeck, Feldkirch.

Auszeichnungen/Ehrungen

Dr. h. c. der Universität Oxford
Dr. h. c. der Musik der Universität Paris-Sorbonne
Dr. h. c. der Musik der Yale University, USA
Kunstpreis der Stadt Berlin (1950)
Goldener Orpheus der Stadt Mantua (1955)
Bundesverdienstkreuz 1. Klasse (1958)
Bayerischer Kammersänger (1959)
Mozart-Medaille, Wien (1962)
Berliner Kammersänger (1963)
Naras Award, USA (1972)
Großes Verdienstkreuz des Bundesverdienstordens (1974)
Léonie-Sonning-Musikpreis, Kopenhagen (1975)
Rückert-Preis der Stadt Schweinfurt (1979)
Preis des Präsidenten der Akademie Charles Gros, Paris (1980)
Ernst-von Siemens-Preis (1980)
Pour le mérite Deutschland (1984)
Bayerischer Maximiliansorden für Wissenschaft und Kunst (1984)
Stern zum Großen Bundesverdienstkreuz (1986)
Goldene Medaille der Royal Philharmonic Society, London (1988)
Prix de la critique, Paris (1991)
Life achievement, London (1994) (»The Grammophone«)
Wilhelm Pitz-Preis, Bayreuth (1994)

Schallplattenpreise

Grand Prix du Disque, Paris
erstmalig 1955, danach fast jedes Jahr
Electrola Ehrenring (1970)
Goldenes Grammophon der Polydor International (1975)
Edison Preis Amsterdam, erstmals 1961, dann mehrfach
Prix Mondial Montreux, mehrfach
Großer Deutscher Schallplattenpreis, mehrfach
Grammy USA, mehrfach
Zehn Preise für Gesamtausgabe der Schubert-Lieder für Männerstimme (1969–71)

Mitgliedschaften

Akademie der Künste Berlin
Bayerische Akademie der Schönen Künste München
Internationaler Musikrat, Deutsche Sektion
Royal Academy of Music London (Ehrenmitglied)
Königlich-Schwedische Akademie Stockholm (Ehrenmitglied)
Wiener Konzerthausgesellschaft (Ehrenmitglied)
Internationale Schubert-Gesellschaft (Präsident)
Internationale Schumann-Gesellschaft (Ehrenmitglied)
Internationale Hugo-Wolf-Gesellschaft
Internationale Richard-Strauss-Gesellschaft
Accademia Santa Cecilia Rom
Deutsche Oper Berlin (Ehrenmitglied)
American Academy of Arts and Sciences (Ehrenmitglied)
Rudolf-Kempe-Gesellschaft London (Ehrenmitglied)
Chevalier Légion d'Honneur
u. a. m.

Ausstellungen

1980 Erste Ausstellung der Gemälde, Aquarelle, Zeichnungen (Kunstverein Bamberg)
1983 Wanderausstellung in fünf japanischen Städten anläßlich einer Konzerttournee
1983 München (Akademie der Schönen Künste)
Berlin (Berliner Festwochen)
Feldkirch (Schubertiade Hohenems)
1987 London (Queen Elizabeth Hall)
1988 Nürnberg (Galerie Schüler)
Hitzacker (Sommerliche Musiktage Hitzacker)
Tours (Musées de la Ville de Tours)
Berlin (Deutsches Musikarchiv, Siemensvilla)
1990 Kammermusiksaal der Philharmonie Berlin (Foyer)
1991 Stuttgart (Rathaus)
Baden-Baden (Trinkhalle)
1993 Stadtbibliothek Berlin, Philharmonie Köln
1994 Theatermuseum der Stadt Düsseldorf
1995 Galerie Brochier München
Akademie der Künste Berlin
Schubertiade Feldkirch
Japanisch-Deutsches Zentrum Berlin

Bücher und Aufsätze

Auf den Spuren der Schubert-Lieder.
Werden, Wesen, Wirkung.
Wiesbaden: Brockhaus, 1971.
Weitere Ausgabe und Übersetzungen:
München und Kassel 1976 (Taschenbuch);
Budapest 1975 (ungar.); Tokio 1976 (japan.);
New York 1977 und 1984 (engl.);
Paris 1979 (franz.)

Wagner und Nietzsche. Der Mystagoge und sein Abtrünniger.
Stuttgart: Deutsche Verlags-Anstalt, 1974.
Weitere Ausgabe und Übersetzungen:
München 1979 (Taschenbuch);
New York 1976 (engl.); Tokio 1977 (japan.);
Paris 1979 (franz.); Madrid 1982 (span.)

Robert Schumann. Wort und Musik.
Stuttgart: Deutsche Verlags-Anstalt, 1981.
Weitere Ausgabe und Übersetzung:
München und Kassel 1985 (Taschenbuch);
Paris 1984 (franz.)

Töne sprechen, Worte klingen. Zur Geschichte und
Interpretation des Gesangs.
Stuttgart: Deutsche Verlags-Anstalt und München:
Piper, 1985.
Übersetzung: Madrid 1991 (span.)

Nachklang. Ansichten und Erinnerungen.
Stuttgart: Deutsche Verlags-Anstalt, 1987.
Übersetzungen: Kopenhagen 1988 (dän.); New York
1989 (engl.) [auch kart.]; London 1989 (engl.);
Paris 1991 (franz.) [kart.]

Wenn Musik der Liebe Nahrung ist.
Künstlerschicksale im 19. Jahrhundert.
Stuttgart: Deutsche Verlags-Anstalt, 1990.

Weil nicht alle Blütenträume reiften. Joh. Friedr. Reichardt.
Hofkapellmeister dreier Preußenkönige.
Stuttgart: Deutsche Verlags-Anstalt, 1992.

Fern die Klage des Fauns.
Claude Debussy und seine Welt.
Stuttgart: Deutsche Verlags-Anstalt, 1993.

Le destin. In: Novelle revue de psychanalyse, Herbst
1984.

Eine spröde Geliebte. In: 750 Jahre Berlin. Anmerkungen,
Erinnerungen, Betrachtungen. Hrsg. von Eberhard
Diepgen. Berlin: Nicolai, 1987.

Töne sprachen. Ein Anfang in Berlin 1993. In: Berliner
Lektionen. Gütersloh: Bertelsmann, 1994.

Text- und Notenausgaben

Texte deutscher Lieder.
München: Deutscher Taschenbuch-Verlag, 1968.
Weitere Ausgabe: New York 1977 (mit engl.
Übersetzung)

Antonin Dvořák: *Biblische Lieder.*
Hamburg: Benjamin; Hamburg: Simrock, c 1963.

Franz Schubert: *Die schöne Müllerin.* (Mit Elmar
Budde).
Frankfurt, London, New York: Peters, c 1976.

Franz Schubert: *Winterreise.* (Mit Elmar Budde).
Frankfurt, London, New York: Peters, c 1976.

Franz Schubert: *Schwanengesang.* (Mit Elmar Budde).
Frankfurt, London, New York: Peters, c 1976.

Franz Schubert: *Lieder, Bd. 1–4.* (Mit Elmar Budde).
Frankfurt: Peters, c 1985–88.

Dietrich Fischer-Dieskau

»Dietrich Fischer-Dieskau hat sich immer wieder in Aufsätzen und Büchern mit Fragen der Interpretation, den Wechselwirkungen zwischen Wort und Musik beschäftigt. Wer seine Aufsätze und Bücher gelesen hat, weiß, daß bei diesem Sänger Gedanken zur Musik und Reflexionen über Sprache stets aus dem Geist des Kunstwerks abgeleitet sind und deutend dessen Intentionen nachspüren.« (Frankfurter Allgemeine Zeitung)

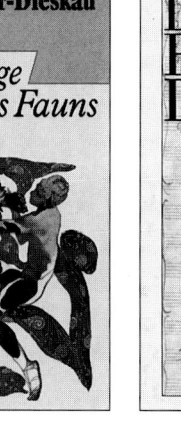

Fern die Klage des Fauns
Claude Debussy und seine Welt
496 Seiten mit 29 Abbildungen und zahlreichen Notenbeispielen
DM 58,–
öS 453,–/sFr. 58,–

Nachklang
Ansichten und Erinnerungen
320 Seiten
DM 38,–
öS 297,–/sFr. 38,–

Weil nicht alle Blütenträume reiften
Johann Friedrich Reichardt, Hofkapellmeister dreier Preußenkönige
Ein Porträt mit Bildern und Dokumenten
432 Seiten mit 85 Abbildungen
DM 58,–/öS 453,–/sFr. 58,–

Wenn Musik der Liebe Nahrung ist
Künstlerschicksale im 19. Jahrhundert
456 Seiten mit 35 Abbildungen
DM 48,–
öS 375,–/sFr. 48,–